JN136643

夢か現実か 日本の自動車工業

2

現代の国際社会における日本の自動車工業

監修・**鎌田実** 日本自動車研究所 所長
著・**稲葉茂勝** 子どもジャーナリスト
編・**こどもくらぶ**

はじめに

最近、「空飛ぶクルマ」という言葉をよく聞きます。「空飛ぶクルマ」は2025年開催の大阪の万博会場で運航することになっています。

夢のある話ですね。でも、それは「クルマ」というよりヘリコプターに近い存在といった方がよいかもしれません。まるで映画やアニメの世界の乗り物のようです。人類の夢のひとつの実現ですね。

一方、日本の自動車（四輪車）生産台数を見ると、1990年代から減少傾向ですが、2022年は780万台と、アメリカ、中国に次ぐ世界第３位の生産国です。

また、2022年の自動車関連の輸出額は前年より17.4％増の17兆2700億円で（主要商品輸出総額の17.6%）、自動車関連産業の働く人たちの数は554万人にのぼっています（日本自動車工業会による統計）。このように自動車工業は、日本のあらゆる産業のなかで、いまなお大きな割合を占め、日本経済をささえる重要な地位にあります。

●2022年の主要商品別輸出額

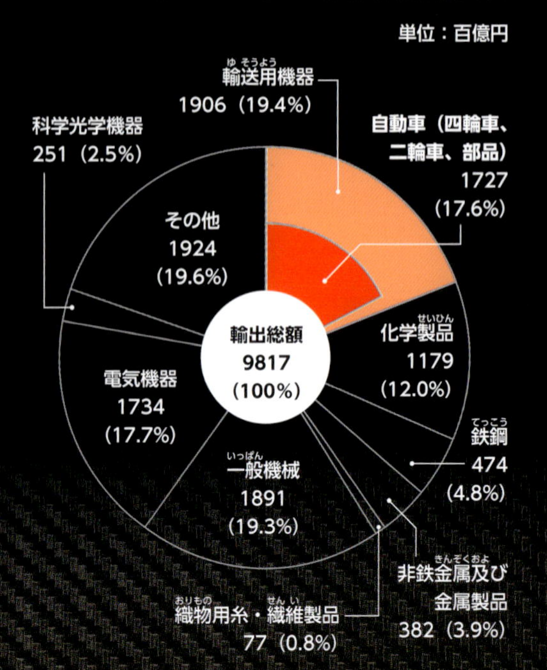

本文の★のついた言葉は、p30の用語解説で説明しています。

自動車（クルマ）は、わたしたちにとって、とても身近な存在です。近年は、安全に関する技術が大きく向上し、ハンドルを持たなくても運転できる技術も実用化されました。二酸化炭素を出さない、環境にやさしいクルマも増えてきました。バリアフリーなどの「福祉車両」もどんどん活躍しています。

このシリーズでは、そうした日本の自動車工業がどのようにして大きく成長してきたのか？　日本の経済をささえてきているのか？　などを見ていきます。

一方で、今後、日本の自動車工業がどうなっていくのか？　自動車工業の未来が日本経済に対し、また、日本という国とわたしたちのくらしにどんな影響をあたえるのか？　みなさんと一緒に考えていきたいと思います。

もとより「クルマ」とは、「軸を中心にして回転する仕組みの輪：車輪」のこと。現在は、自動車を「クルマ」とよんでいますが、明治・大正時代には人力車が、もっと前には、牛車が「クルマ」とよばれていました。

このように、時代とともに大きくかわってきた「クルマ」の未来について、みんなで想像していきましょう。楽しみながら！

なお、このシリーズは、次の６巻で構成してあります。この本は２巻です。

①世界と日本の自動車工業の歴史を調べよう！
②現代の国際社会における日本の自動車工業
③見てみよう！ 日本の自動車の仕組みと工場
④人や物をのせるだけではない！ 自動車の役割
⑤いま日本の自動車工業がかかえる課題とは？
⑥日本の自動車工業からは目がはなせない！

もう一言。日本の自動車工業の「これまで」と「これから」を考えるということは、日本のものづくりの技や精神、最新の科学技術、技術革新（イノベーション）、また、さまざまな社会問題、環境問題、福祉問題について、そして、日本がまもなく突入する Society 5.0*の社会について考えることになります。

この意味からも、このシリーズをしっかり読んでほしいと願っています。

こどもくらぶ

*内閣府によると、「Society 5.0」は、狩猟社会（Society 1.0）、農耕社会（Society 2.0）、工業社会（Society 3.0）、情報社会（Society 4.0）に続く新たな社会のこと（第５期科学技術基本計画、2016年1月22日閣議で決定）。「Society 5.0」の定義は、「サイバー空間とフィジカル空間を高度に融合させたシステムにより、経済発展と社会的課題の解決を両立する人間中心の社会」。ただし「○○社会」とまとめる言葉はない。

もくじ

© 共同通信社／ユニフォトプレス

朝鮮特需でアメリカ空軍の戦闘機の修理をする（1953年４月、東京都立川市）。

1 日本の自動車工業のはじまり

このシリーズ１巻では世界の自動車工業のはじまりから第二次世界大戦直後までの歴史を見てきました。そこでは日本の自動車工業は、まだ目立っていませんでした。日本の自動車が世界で活躍するようになったのは、1950年代になってからです。

戦争と自動車工業

このシリーズ１巻の21ページに「第二次世界大戦が近づくころになると、日本も軍事用トラックが必要となり、国の強力な後押しにより、自動車工業の育成がはかられました」と記してあります。そのとおりで、日本の自動車工業は、第二次世界大戦と深くかかわりながらはじまりました。日本ばかりではなく、ヨーロッパの国ぐにやアメリカでも、自動車工業が戦争のための軍事産業と深くつながっていたのです。

しかし、戦時下では、世界の自動車工業は軍事産業として続いてはいましたが、本来の自動車工業といえるものではありませんでした。それが戦後になると、各国とも国の復興をささえる力として、自動車工業がさかんになっていきます。

ヨーロッパの国ぐに、とくに日本とともに戦争で連合国に負けたドイツや、戦勝国でありながらも、国土も社会も大きく破壊されたフランスなどでは、それぞれに自動車工業の発展が国の復興に貢献したのです (→１巻p26)。

もちろん、日本もそうでした。

戦後まもない日本の自動車工業

戦後、日本は連合国に占領され、自動車の生産が制限されました。なぜなら、自動車工業は軍事目的の工業だったからです。すべての車種について生産制限が解除されたのは、1949年10月になってからでした。

しばらく日本は、戦後の復興をささえる産業がないまま、社会がひどく混乱していました。極端な物資の不足と敗戦処理への対応のため、政府（日本銀行）は銀行券（お金・お札）をどんどん印刷し、市中に流しこみました。すると、お金の価値が下がりインフレ★が起こりました。爆発的なインフレにより、倒産や失業が相次ぎました。そこで、政府は市中に出回るお金の量を制限しました。しかし、さらに多くの企業の倒産が起こり、失業者は爆発的に急増。自動車製造に関わるあらゆる工業が危機におちいりました。

しかし、自動車工業が国家の復興にはなくてはならないものだという意見が、政府ばかりでなく各方面からも出され、政府が主導して自動車工業への支援がはじまります。

そうしたなか、1950年に朝鮮半島で戦争が勃発したのです。

朝鮮戦争と日本

第二次世界大戦後、アメリカが占領した朝鮮半島の南側に大韓民国（韓国）がつくられました。一方、ソ連（いまのロシア）が占領した北側には朝鮮民主主義人民共和国（北朝鮮）がつくられました。ところが、その２つの国が、同じ民族でありながら、戦争をはじめたのです。アメリカ、ソ連が、それぞれを支援していました。

朝鮮戦争がはじまると、アメリカは、朝鮮半島に近い日本に軍事物資をどんどんつくらせました。その結果、トラックやジープなどの注文が急増。日本の自動車工業はにわかに活気をおびていったのです。それだけでなく、日本中がこの特需景気の影響を受けました。そしてその後、自動車工業は日本の経済の屋台骨をささえる役割を果たすようになります。

もっとくわしく！

朝鮮戦争と特需景気

1950年に朝鮮戦争が勃発すると、朝鮮半島に出兵したアメリカ軍への補給物資の支援、戦車や戦闘機の修理請負などによる特需景気（朝鮮特需）によって、日本は輸出や貿易外受取が増加。「特需景気」とは、戦争など何らかの要因に引っぱられる形で、特定地域の経済が大幅に活性化すること。そのときの特需景気は「神武景気」ともよばれ、1955年には、日本経済は第二次世界大戦前の最高水準を上回った。1956年度の経済白書には「もはや戦後ではない」と書かれた。

結語

戦後日本経済の回復の速やかさには誠に万人の意表外にでるものがあった。それは日本国民の勤勉な努力によって培われ、世界情勢の好都合な発展によって育まれた。しかし敗戦によって落ち込んだ谷が深かったという事実そのものが、その谷からはい上がるスピードを速やからしめたという事情も忘れることはできない。（中略）消費者は常にもっと多く物を買おうと心掛け、企業者は常にもっと多くを投資しようと待ち構えていた。いまや経済の回復による浮揚力はほぼ使い尽くされた。（中略）**もはや「戦後」ではない。**我々はいまや異なった事態に当面しようとしている。回復を通じての成長は終わった。（後略）

内閣府の「経済白書」のサイトから、1956年度経済白書の全文を見ることができる。その「結語」に「もはや戦後ではない」という言葉が登場する。

軍事産業から進化した自動車工業

第二次世界大戦直後は、日本の自動車工業を制限していたアメリカ軍でしたが、1950年に朝鮮戦争がはじまると、日本での自動車生産を推進しました。アメリカは、日本の自動車工業を朝鮮戦争に役立てようとしたのです。

戦前にできた自動車会社が製造再開

そのころ製造を再開したのは、トヨタ、日産、いすゞ、日野など、戦前からの自動車メーカー。トラック、バスなどの大型車と三輪トラックなどを製造しはじめました。それらはおもに朝鮮戦争関連の軍事用でした。

そうして景気がよくなった日本の自動車工業は、しだいに乗用車など、民間の需要に向けた小型車を製造するようになります。

ところが、日本の自動車工業は、まだまだアメリカやヨーロッパに比べて技術は低く、規模も小さいものでした。そのため、日本の自動車工業が乗用車などの製造を本格的におこなうのは、朝鮮戦争終了後の1950年代も後半になってからでした。

きっかけは「トヨペット・クラウン」

1955年1月1日、トヨタ自動車が「トヨペット・クラウン」を発売します。これは、すべてが国産でつくられたクルマ（純国産車）です。

じつは、当時、他の自動車メーカーは海外メーカーと提携することで技術力をつけようとしていたのに対し、トヨタ自動車は純国産乗用車をめざして開発を進めていたのです。

もっとくわしく！

初代クラウン

1955年１月に誕生したトヨペット・クラウンは、デザインや性能などすべてが日本の実情に適合するように開発された。すると、乗りごこちや耐久性など、純国産車として話題を集め、社用車、公用車、そしてタクシーにつかわれた。富裕層の人たちにも人気が高かった。一番の特徴は、後部座席の乗り降りを考慮した観音開き*のドアで、乗車定員は６名。

外国車より乗りごこちがよいと好評だった初代クラウンのトヨペットクラウンRS型（1955年）。

次つぎに続く独自の自動車開発

トヨペット・クラウンは、豊かになっていく戦後の日本の象徴となりました。一方、富士重工業、三菱、マツダ、ダイハツ、スズキなどの会社も、それぞれに持ち前の技術をいかして独自の路線の自動車製造を開始します。これらの自動車メーカーは、おもに軽自動車★の生産をおこないました。小回りがきき、価格も安い、軽三輪トラックや軽乗用車が人気となりました。すると、軽自動車の製造は、日本の自動車工業のひとつの特色となったのです。

このようにして、世界におくれをとっていた日本の自動車工業は、大きく発展していきました。

小口の輸送で活躍したダイハツの軽三輪トラック「ミゼットMP型」(1959年)。

まるみをおびた形から、「てんとう虫」の名前で親しまれた、富士重工業の軽自動車「スバル360」(1958年)。

日本の「国民車構想」

政府は1955（昭和30）年、一般の人びとにもっと自動車を広めていくために、「国民車構想」を発表しました。それは、最高時速100km以上、定員４人、エンジン排気量350cc～500cc、販売価格25万円以下などの条件を満たした場合、国がその乗用車を「国民車」として認め、開発した自動車メーカーに資金を投入して育成をはかるというものでした。

ところが、その構想は立ち消えとなってしまったのです。その理由はいろいろといわれましたが、25万円以下で自動車をつくるのは不可能というのが大きな原因だといわれています。

それでも自動車各社は、「国民車構想」に呼応して、さまざまな自動車の開発に取り組み、大きな成果を出していきます。その一番手が、富士重工業が1958（昭和33）年に発売した軽自動車「スバル360」。この乗用車は、小型で40万円ほどという低価格が特徴で、大人気となりました。すると、他の自動車メーカーも、小型の自動車の開発を強化。「三菱500」や「マツダ360」などが、当時の日本の乗用車の代表選手になりました。

こうして、日本の自動車工業はますます活気をおびていきました。

小型乗用車「三菱500」(1960年)。排気量500ccの小型車ながら、軽自動車なみの低価格だった。

自動車の2大生産国へ

1950年代後半から、日本の自動車工業はめざましい成長を示しました。手ごろな価格の乗用車が発売され、一般の人びとにとって「自動車を所有する」ことが現実味をもつようになっていきました。

高度経済成長期に入った日本

1956年の経済白書に書かれた「もはや戦後ではない (→p7)」という言葉は流行語となり、日本中の人びとが「高度経済成長」に浮かれたかのような時代になっていました。「高度経済成長」とは、経済成長率がとても高いことをいいます。日本では、1955～73年の約20年を「高度経済成長期」とよび、経済成長率（実質）★の年平均が10％前後と高い水準で成長を続けました。

1960年代は、日本経済の高度成長期の真っ只中。一般家庭でもテレビ、冷蔵庫、洗濯機などの電気製品がそろいはじめ、「新三種の神器」のひとつである自動車の需要もどんどん拡大してきました。

マイカー時代のはじまり

自動車の需要の高まりにこたえ、各自動車メーカーは国内の道路事情などにあわせて、一般向けの小型自動車の開発に力を注ぎました。トヨタが1957年に「コロナ」、1961年に「パブリカ」、1966年に「カローラ」を、日産が1955年に「ダットサン乗用車」、1959年に「ブルーバード」、1966年に「サニー」を、三菱が1963年に「コルト」を、マツダが1965年に「ファミリア」を発表。なかでも、カローラとサニーは手ごろな価格と性能が高く評価され、多くの人がマイカーとして買っていきました。そうしたことから、1966年は「マイカー時代」がはじまった年といわれています。

三種の神器

「三種の神器」はもともと、歴代の天皇に伝わる宝物の「鏡・剣・曲玉」のこと。1950年代後半の神武景気のころ、あこがれの象徴として「電気洗濯機、電気冷蔵庫、白黒テレビ」が「三種の神器」とよばれた。高度経済成長期には、カラーテレビ（color TV*1）、クーラー（cooler*2）、自家用乗用車（car）が、それぞれの頭文字を取り「3C」といわれ、「新三種の神器」とされた。

*1 television（テレビのこと）の略。　*2 coolerは和製英語。

1966年に発売されたカローラKE10型（トヨタ）。

カローラと同じ年に発売され、人気を二分したサニーB10型（日産）。

自動車生産の拡大

1960年代に入ると、乗用車を中心に年間20万台規模の組み立て工場が次つぎに操業を開始し、大規模な機械化・自動化が進展していきました。国内の自動車生産台数は、1950年には３万台ほどでしたが、1960年に48万台、1970年に530万台、1980年には1104万台と急激に増えていきました。ついには、自動車工業の先進国であるアメリカの生産台数を追いこし、日本はアメリカとならぶ自動車の２大生産国となったのです。

また、自動車の増加にあわせて、道路も急速に整備が進められていきました。1955年に舗装道路は１万kmにすぎなかったものが、1976年には36万kmにもなりました。さらに、1964年開催の東京オリンピック、1970年の大阪万博に向けて高速道路★が建設されはじめるなど、国内の道路は急速に整備されていきました。

●日本とアメリカの自動車生産台数の推移

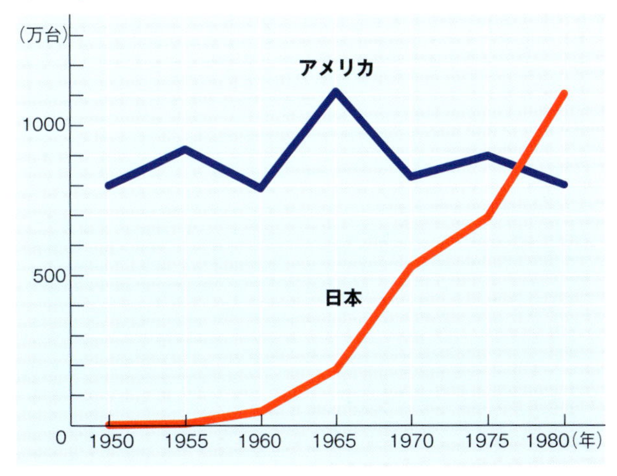

出典：日本自動車工業会「2014年　世界自動車統計年報」

4 世界と日本の自動車工業に変化

日本の自動車工業は、1970年代にはヨーロッパの国ぐにをぬき、自動車大国のアメリカを追いこしました。しかし、世界と日本の自動車工業をゆるがす大事件が起きました。「オイルショック」です。

オイルショックとは

1973年、世界的なオイルショックが発生。これは、1973年に中東の産油国が原油の産出量を減らしたことで、世界中の石油製品の価格が高くなってしまったことをいいます。1978年にも起こりました。

原油価格が高くなり、ガソリンの価格も急上昇。すると、自動車のよさは燃費で判断されるようになりました。「燃費」とは、自動車が１Ｌの燃料で走ることができる距離のこと。その距離が長ければ長いほど「燃費がよい」ということになります。自動車のよしあしが、燃費を最優先して決まるようになったのです。それまで大型自動車ばかりが走っていたアメリカでさえ、燃費のいい小型自動車の需要が高まりだします。

こうしてアメリカをはじめ世界中で日本車への需要が高まっていったのです。

「ガソリン不足のため休業」と書かれた看板が置かれているアメリカのガソリンスタンド。こうした光景は、日本でも見られた。

©AP/

オイルショックがもたらした課題

1973年と1978年のオイルショックは、燃費のよい自動車の人気を高めましたが、燃費をよくするだけではなく、当時から問題になっていた自動車の排出ガス★対策を、自動車工業に対し求めたのです。

なぜなら、その当時、自動車の排出ガスが人体や動植物に害をおよぼす光化学スモッグ★の原因になることがわかったからでした。

オイルショック直後から、自動車の排出ガスへの規制が強化され、アメリカでは世界で最もきびしいといわれる排出ガス規制（マスキー法）が実施されました。製品の質と価格で高い国際競争力をつけてきた日本の自動車工業にも、マスキー法をクリアするという新たな課題が出てきたのです。

日本の自動車に世界が注目

アメリカのマスキー法の規制をクリアした最初の自動車メーカーは、アメリカ国内の会社ではありませんでした。日本の本田技研工業（ホンダ）！　CVCCエンジンを搭載したシビックを発売し、まもなくアメリカで大人気になりました。ホンダに続き、日本のほかの自動車メーカーも「マスキー法」によるきびしい排出ガス規制をクリア。

多くの燃料をつかうアメリカの大型自動車よりも、少ない燃料で長い距離を走ることができる日本の小型自動車に、アメリカが、世界が、注目するようになりました。その結果、日本のクルマは、世界各国でますます売れるようになり、輸出台数もどんどん伸びていきました。

もっとくわしく！

マスキー法

「マスキー法」は、アメリカで1970年につくられた排出ガスを規制する法律。排出ガスにふくまれる有害物質の量を５年間で10分の１以下にするというきびしいもの。だが、自動車メーカーによる強い反発に加え、1973年のオイルショックなどにより、実施がしばらく先のばしにされていた。

「マスキー法」によるきびしい排出ガス規制への対応のため、本田技研工業（ホンダ）が開発したCVCCエンジン。

CVCCエンジンをのせたホンダのシビック。

自動車の急増にともなう日本の課題

高度経済成長期（→p10）の日本では、人や物の移動が急激に拡大。道路の整備もどんどん進み、東京の首都高速道路、名神高速道路や東名高速道路も開通しました。それにともなって、クルマ社会が急発展。ところが……。

日本の自動車社会の問題いろいろ

日本の自動車工業の発展は人びとの生活を便利で豊かにしましたが、その反面、さまざまな問題を引きおこしました。その代表的な問題が、大気汚染です。

アメリカでマスキー法（→p13）がつくられたのは、アメリカの国民が大気汚染に対し、非常にきびしい目をもっていたからにほかなりません。日本でも自動車の排出ガスによる大気汚染が大きな問題となり、1968（昭和43）年には「大気汚染防止法」が成立しました。

大気汚染のためマスクを着けて登下校する小学生（三重県四日市市）。1967年1月17日。

もっとくわしく！

大気汚染防止法

「大気汚染防止法」は、工場から発生するばい煙（石油や石炭などの不完全燃焼によって生じる、すすや煙）などに加え、自動車の排出ガスも規制するもので、健康被害が出た場合の賠償責任を定めた。そのため、自動車メーカー各社は、排出ガスへの対策が義務づけられるようになり、環境問題への取り組みが求められるようになった。

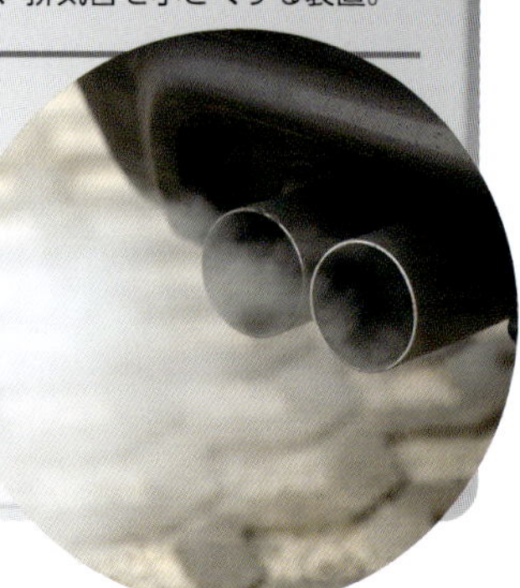

自動車のマフラーから出される排出ガス。マフラーは、排気音を小さくする装置。

交通渋滞の桜田門付近（東京都千代田区、1971年４月）。

「交通戦争」の時代

1950年代半ばごろから国内の自動車保有台数は増加の一途にあり、高速道路をはじめとする道路網が拡大していきました。しかし、道路の整備はまだまだで、各地で交通渋滞が起きていました。また、信号機やガードレールなどが十分にできていないなどの事情で、交通事故死者数が著しく増加、深刻な社会問題となっていました。

そんな状況が「交通戦争」とよばれていたのです。

もっとくわしく！

交通事故死者数、過去最悪を記録

1959（昭和34）年、交通事故による死亡者は１万人をこえ、1960年代に入るとさらに増加。日本における交通事故死者数の水準が、日清戦争での日本側の戦死者数（２年間で1万7282人）を上回る勢いで増加した。1970（昭和45）年には1万6000人を上回り、過去最悪を記録。その後、シートベルトの着用が法律で義務づけられ、自動車の安全性能が高まっていったこともあり、死亡者の数は減った*。

●交通事故死者数　出典：全日本交通安全協会

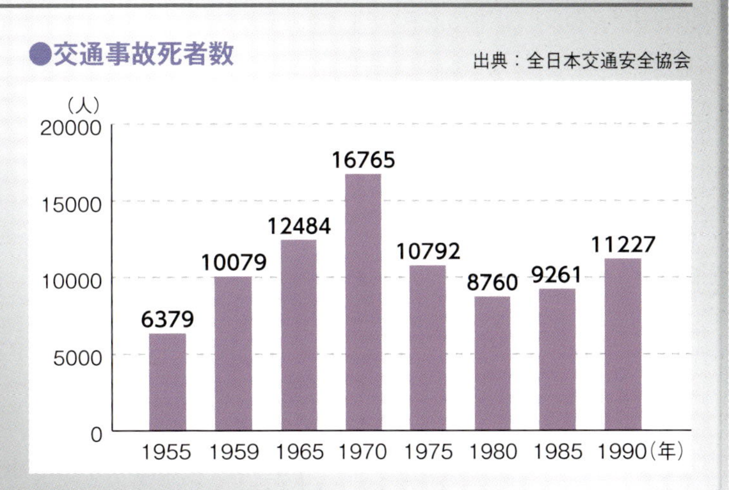

*1982年から死者数は再び増加していき、1988年には再び１万人を上回った。
1996年に９年ぶりに１万人を下回り、以後減少していき、2023年は2678人となっている。

世界に輸出される日本の自動車

燃費のよさに加え、きびしい排出ガス規制を乗りこえた日本の自動車は、1970年代から1980年代前半にかけて輸出台数をどんどん伸ばしていきます。そこではじまったのが、「日米自動車摩擦」です。

1981年（昭和56）年、アメリカの自動車工場で働く人びとが、日本からの自動車の輸入が増えたために仕事がうばわれたと抗議し、日本車をこわした。

日米自動車摩擦の背景

1970（昭和45）年、日本は100万台以上の自動車（四輪車）を輸出。それが、1975（昭和50）年には、260万台以上となり、1980（昭和55）年には600万台近くまで増加。1985（昭和60）年、ついに過去最高となる670万台ほどが輸出されました。その輸出の最大の相手国は、これまで自動車で世界をリードしてきたアメリカでした。

国土が広いアメリカでは、多くの人びとの交通手段は、自動車。レジャーはもちろん、通勤にも買い物にも、人びとの多くが自動車を利用するため、自動車なしでは生活が成り立ちません。

そうしたなか、1973年のオイルショック（→p12）は、日本以上に大きな影響が出たといいます。ガソリン代が値上がりし、それまで大型自動車をつかっていた人たちが、燃費がよく性能もよい日本の自動車を求めるようになりました。

当然、日本の自動車の輸入が大幅に増え、大型車が売れなくなりました。アメリカの自動車工業は深刻な状況におちいりました。そうして起こったのが、日本とアメリカの「日米自動車摩擦」。これは、日本とアメリカのあいだで1980年代に起きた自動車をめぐる貿易摩擦ですが、深刻な政治問題へと発展していきました。

朝日新聞
政府、早期解決めざす
トヨタ・日産を説得
現地生産の実現に的
企業側いぜん難色
来月19日から

朝日新聞
自動車摩擦は政府交渉へ
伊東・レーガン会談で一致
「輸出自粛」前提に
首脳会談前決着望む

読売新聞
日米自動車 来月末に政府間交渉
輸出削減策 詰め
緊急な解決図る
米 増殖炉建設 ゴー
日本の再処理に好影響

日米自動車摩擦に関して報道する新聞記事（1980～1981年）。

©AP/アフロ

●日本からアメリカへの自動車輸出台数の推移

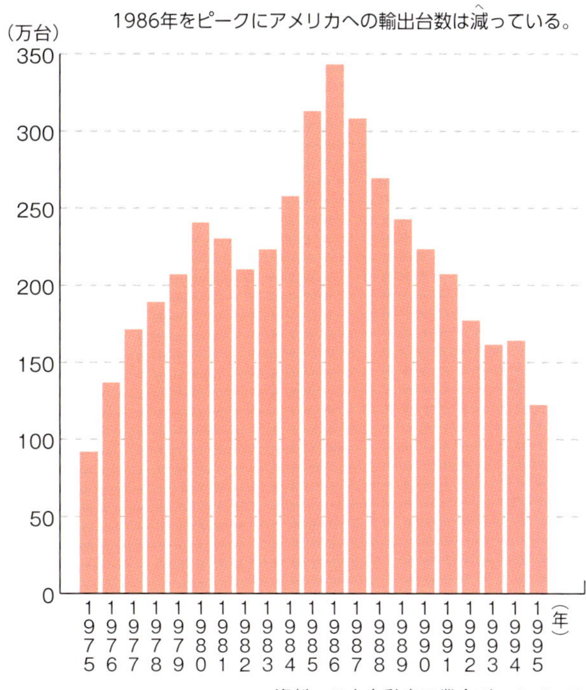

そもそも「貿易摩擦」とは

「貿易摩擦」は、二国間の貿易上のもめごとをさす言葉です。一般に、それぞれの製品や商品の輸出または輸入が、どちらかの国に大きくかたよることで発生します。

日米自動車摩擦の原因は、オイルショックによるガソリン価格の高騰を背景にして、アメリカで小型自動車の需要が増加したこと。しかし、当時のアメリカでは、そうした状態は一時的なこととして、重視していませんでした。

アメリカは日本に対し、自動車を日本国内で売るよりも安い価格でアメリカで売っている、すなわち「ダンピング」をしているため、日本車の輸入が増えたと主張。しかも、そのせいで自国の自動車工業が衰退し、人びとの働く場所が失われ、失業者が増えている、などといって、日本政府にその対応策を求めてきたのです。

アメリカの要求

貿易摩擦への対応策としてアメリカが日本に要求してきたのは、牛肉やオレンジなどのアメリカの農産物の輸入の拡大でした。

当時の日本は、国内の農業の保護を目的として、海外からの農産物に高い関税（輸入品にかける税金）をかけ、たくさん輸入できないようにしていました。

アメリカは、自国の自動車工業が衰退した理由が、日本車のダンピングにあるなどといいながら、じつは、そうではないことをわかっていたのです。そのため、自動車の貿易摩擦問題とは何の関係もない、農産物に関わる問題をもちだしてきたのです。

それでも、日本とアメリカは1981年以降、貿易摩擦解消のために話し合いを重ね、結果、日本がアメリカへの自動車の輸出台数を自主的に制限することを決定。日米自動車摩擦はおさまりました。

7 国内も海外も

輸出専用埠頭で、自動車専用船に積みこまれるのを待つ、おびただしい数の自動車。

1980年代になると日本は、アメリカとならび世界の「２大自動車生産大国」となりました。日本の自動車工業はますます成長。国内向けの自動車生産だけでなく、外国向けの生産・輸出が拡大していきます。

自動車の輸出台数の最多国

戦後、自動車生産がさかんになりはじめたばかりの1960年には、日本の自動車輸出は４万3000台にすぎませんでしたが、1980年になると約600万台にも達していました。

ところが、自動車の海外生産（右ページ参照）が進むと、輸出量は減っていき、1995年には379万台にまで落ちこみました。それでも、2000年には445万台までもちなおしました。

右のグラフ❶を見ると、日本の輸出品目中、自動車が不動の１位であることがわかります。また、グラフ❷からは、輸出先としてアメリカの割合が圧倒的に高く、およそ50%だと見てとれます。

トヨタや日産などは大規模な輸出専用埠頭をもち、自動車専用船★で海外に製品を送りだしました。また、東京、名古屋など自動車工業の集中する地域の港では、自動車が輸出の主役となりました。

❶日本の輸出品目（上位３品目）

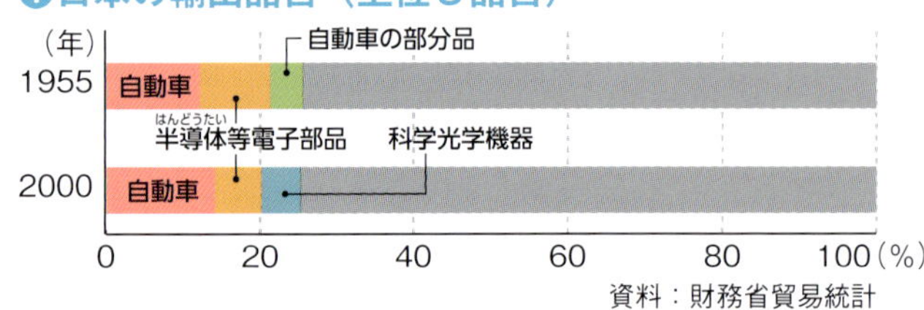

資料：財務省貿易統計

❷自動車の輸出相手国（上位３か国）

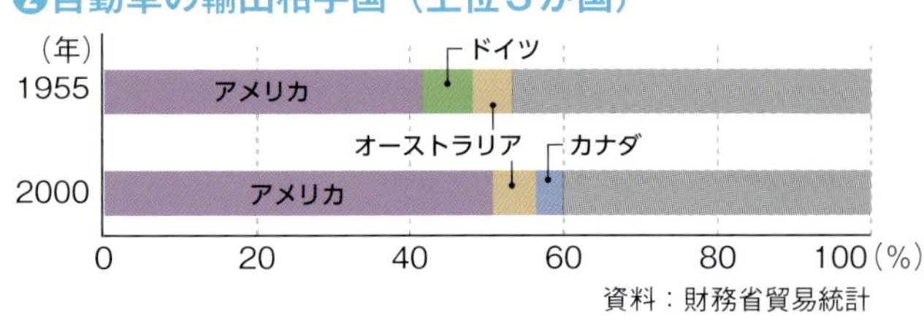

資料：財務省貿易統計

世界に広がる日本車の生産

性能がすぐれ、価格も安い日本の自動車は、アメリカをはじめ世界中に輸出先を広げ、その量は年ねん増えつづけていきました。

一方、日本車の輸出の増加に比べて、外国車の輸入はほとんど増えない状態が続いたため、日本車の輸出相手国の自動車工業は、大きな打撃を受けることになりました。結果、先に見た貿易摩擦 (→p16) は一層深刻になったのです。

こうしたなか、日本の自動車メーカーはアメリカなどおもな輸出先国に工場をつくり、現地の労働者をやとって生産するようにしたのです。しかし現地では、日本の工場進出に対し反発が起きました。

ところが、しばらくすると、日本の工場が現地の経済発展に貢献することがわかってきます。すると、しだいに歓迎されるようになっていきました。結果、貿易摩擦の解消に一役買うことになったのです。

自動車の部品も現地調達

海外の日本の自動車工場では当初、日本から部品を輸出し、現地の労働力を用いて組み立てるという方法がほとんどでした（いまでも、輸出量の少ない地域では、このタイプの工場が多くある）。

しかし、しだいにアメリカ、ヨーロッパなどの先進国では、大部分の部品を現地のメーカーから仕入れるなど、まったく地元の企業と同じような生産体制をしく工場が多くなってきました（車種や性能などによっては、現地の工場で生産できないものもある）。

現在、最大の市場であるアメリカには、トヨタ、日産、ホンダなどの主要メーカーが複数の工場をもっています。その他のメーカーも、独自で、あるいは、アメリカの企業といっしょに工場を経営しています。その後、日本の自動車はアメリカで販売される自動車の約30％を占めるようになり、アメリカの3大自動車メーカー (→1巻p17) の生産が伸びなやむなかで好調に販売を伸ばしていきました。

Toyota Motor Manufacturing, Kentucky, Inc.生産累計1000万台達成記念（2014年）。

1986年にトヨタ自動車がアメリカにはじめて単独で設立したケンタッキー工場。

急激な円高による変化

日米自動車摩擦により、アメリカへの自動車の輸出台数を減らした日本の自動車メーカーは、1986（昭和61）年以降、急激に進んだ円高が加わり、輸出で得る利益が急激に減っていきます。

急激な円高で

1985（昭和60）年、日本、アメリカ、イギリス、フランス、西ドイツ（当時）５か国蔵相中央銀行総裁会議で、ドル高による貿易収支の赤字で苦しむアメリカを支援するための合意（プラザ合意★）が結ばれました。これにより、1ドル230円台だった為替レートは、1987（昭和62）年末には120円台となり、急激な円高が進んだのです。

「円高」とは、外国の通貨に対して日本の円の価値が高くなっている状態をいいます。

たとえば、日本の自動車メーカーが、アメリカに１台１万ドルで自動車を売った場合、１ドルが100円であれば、日本の自動車メーカーは、100万円を受け取ることになります。ところが、円高となり、１ドルが80円になると、80万円しか受け取ることができず、20万円も損失してしまうのです。

こうしたことから、海外に輸出することで大きな利益をあげていた当時の日本の自動車メーカーは、新たな策を考えなければならなくなりました。

ヨーロッパ向けの輸出も規制

ヨーロッパの歴史的な町は道路がせまく、石畳の道も多いため、小型の日本車が人気です。しかし、イタリア、フランス、イギリスなどでは、自国の自動車メーカーの保護のため、以前から日本の自動車の輸入規制がおこなわれてきました（日本が農産物に対し関税をかけてきたのと同じ）。

それが、1990年代になると、EC（ヨーロッパ共同体）*が、日本車の輸入規制を加盟国全体に広げていこうという動きをみせるようになりました。自動車の貿易において、日本はヨーロッパでも苦しい立場に追いこまれていきます。

*EEC（ヨーロッパ経済共同体）をはじめとする３つの機関が統合し、1967年に、フランス、西ドイツ（当時）、イタリア、ベルギー、オランダ、ルクセンブルクの６か国により成立。のちに、イギリスやスペインなどが加盟し、1993年には、EU（ヨーロッパ連合）へと発展した。

ヨーロッパの石畳を走るマツダの「MX-30」。

数字で見る当時の自動車工業

日本の自動車メーカーの海外工場は、アメリカ、アジア、ヨーロッパ、アフリカなど、世界各国に展開されています。生産台数が最も多いのはアメリカですが、アジアでの生産も世界の4分の1を占めています。アジアのなかで最も多いのは中国です。

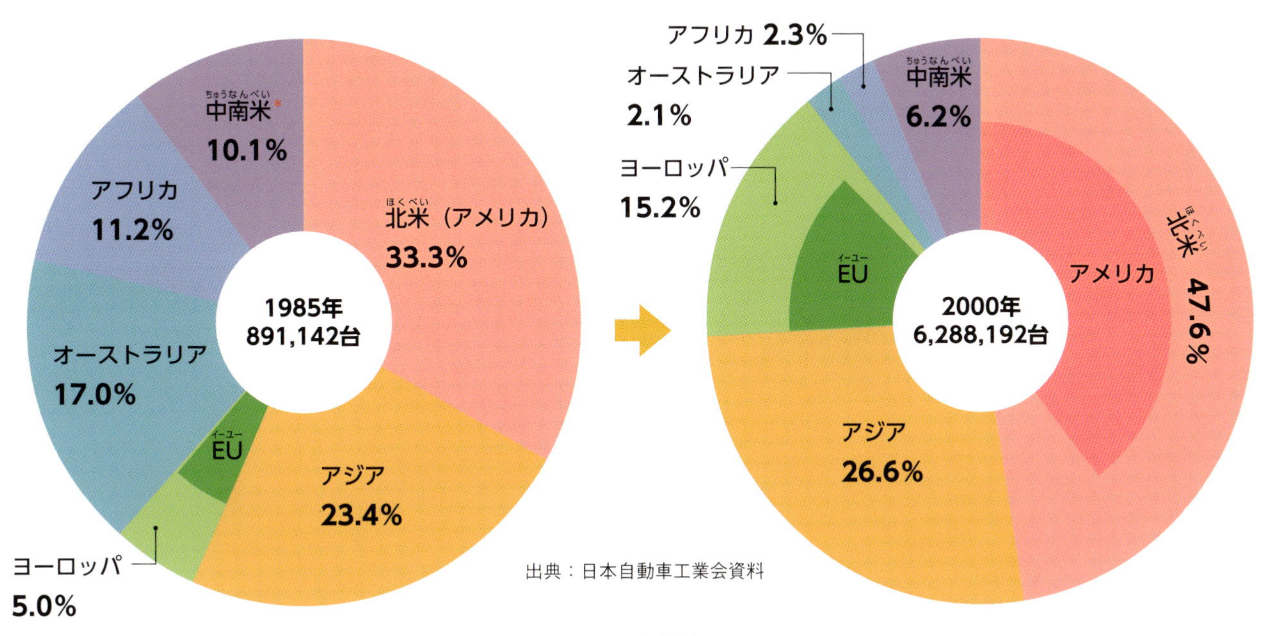

*アジアは中国、インド、インドネシア、マレーシア、タイなどの国ぐに、中南米はメキシコ、ブラジル、アルゼンチンなどの国ぐに、ヨーロッパはロシア、イギリス、フランス、トルコなどの国ぐに、アフリカはエジプト、南アフリカ、ケニアなどの国ぐに。

●海外生産をふくめた日本の自動車の生産台数とその内訳（四輪車）

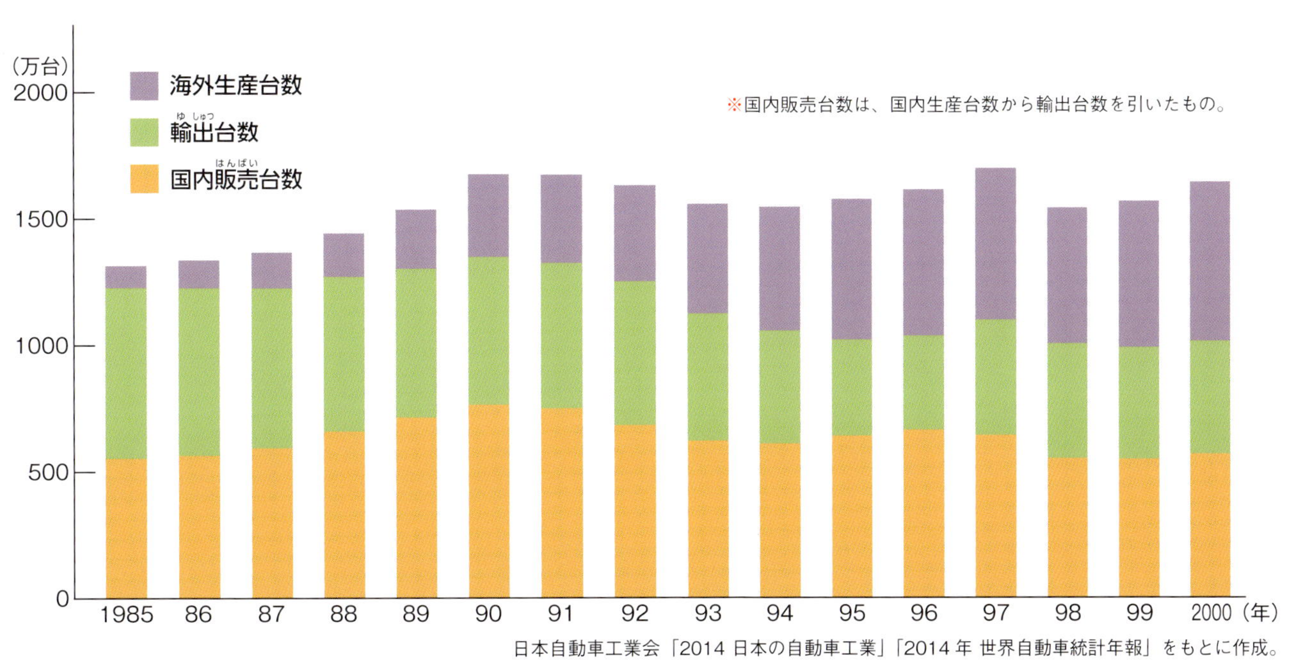

日本自動車工業会「2014 日本の自動車工業」「2014年 世界自動車統計年報」をもとに作成。

9 日本の自動車工業のグローバル化

日本の自動車メーカーの海外生産は、当初はアメリカやヨーロッパなどの先進国だけでしたが、しだいに中国やインドをはじめとしたアジアの国ぐにに、ロシアやブラジルをはじめとする新興国など、世界の40をこえる国へ進出していきます。

日本の自動車部品メーカー最大手として知られるデンソーのアメリカ工場のようす。写真は、冷却装置をつくる工程。

海外から海外へ輸出

日本の自動車メーカーはしだいに、現地で生産された製品を、その国で販売するほか、その国から日本へ輸出することもおこなうようになります。また、第三国（当事国以外の国。ここでは、現地生産をおこなっている国と日本以外の国のこと）にも輸出するようになっていきます。海外生産のメリットとしては、右のことがあげられました。

世界の自動車メーカーのなかで、これだけ多くの工場を海外に設け、現地での生産をおこなっているのは、日本の自動車メーカーのほかに例をみませんでした。

なお、そうした日本の自動車工業は、日本の環境対策や安全対策などのノウハウを現地に伝える役割を果たしたといわれ、さらに、世界の自動車工業（自動車にかぎらず、あらゆる産業）に対しよい影響をあたえたといわれています。

- 海外で生産することにより輸出にかかる輸送費が必要なくなる。
- 円高による影響を受けない。
- 関税をかけられることがなく、自動車を安く売ることができる。
- 輸送にかかる日数が大幅に減る。

自動車の世界市場

2000年代に入っても、世界の自動車の保有台数と生産台数は年ねん増えつづけました。とくに増えた国が、中国でした。また、ブラジルや、ロシア、インドなど、人口の大きい国で増加しました。日本の自動車工業にとって、どこに工場をつくり、どこに販売するかが、重要になっていきました。

外国のメーカーとの協力

かつて、アメリカのゼネラル・モーターズと日本のスズキは協力関係にありました。小型自動車の開発におくれをとっていたゼネラル・モーターズは、小型自動車の生産を得意とするスズキと手を結ぶことで、車種を充実させようとしたのです。一方のスズキは、世界に販売ルートをもつゼネラル・モーターズと協力することで、自動車の販売を世界に広げることができました。

この2社のように、外国のメーカーどうしが、完成車をやりとりすることもあれば、エンジンだけを供給しあうこともありました。エンジンをほかのメーカーから買って、自社の車にのせることもおこなわれていたのです。たとえば、ヨーロッパではディーゼルエンジン（→1巻p30）に人気があるので、スズキはヨーロッパ市場に進出するために、フランスのシトロエンからディーゼルエンジンを買いました。こうした日本メーカーとヨーロッパやアメリカのメーカーとの協力関係は、日本メーカーと中国メーカー間、ヨーロッパやアメリカのメーカーと中国メーカー間にもみられ、日本のメーカーどうしでもみられるようになりました。

海外生産による弊害

このように、自動車の海外生産・現地販売は、貿易摩擦をさけ、世界市場での日本車の生産台数を拡大できるという大きなメリットがありました。しかし、その一方、海外生産が増えることは、日本での生産が減ること。日本国内の雇用が減るという指摘も出てきました。これは「産業の空洞化」とよばれました。また、海外でさまざまな開発・研究がおこなわれると、日本の技術が海外に流出してしまい、同時に日本の開発・研究活動が弱まってしまうのではないかと心配されました。こうした心配は、外国のメーカーどうしの提携が進んでいくと、さらに強まるのではないかといわれています。

もっとくわしく！

産業の空洞化

「産業の空洞化」とは、企業が工場を海外に移転することによって、日本国内の製造業が衰退していく現象のこと。1990年代の産業の空洞化のおもな原因は円高だといわれているが、かつては、貿易摩擦をさけるためにはじまった海外生産でも、産業の空洞化が起きたといわれている。

日本の自動車工業が直面してきた問題

わたしたちにとって「クルマ」は日常的な道具です。しかし、自動車が増えるにつれて、よりよい自動車社会をつくるために日本の自動車工業が直面した問題をいくつかみてみましょう。

環境問題への対応

エンジンで走る自動車は、ガソリンや軽油などの燃料を燃やしたときに生まれる力で動きます。しかし、燃料を燃やせば、かならず二酸化炭素（CO_2）や窒素酸化物（NOx）などのガスが発生します。そのガスは、車外へ排出されます。

でも、CO_2は地球温暖化の原因となり、NOxは、酸性雨★や光化学スモッグの原因となることがわかってきました。また、同じく排出ガスにふくまれる炭化水素（HC）が、肺への悪影響があるといわれ、粒子状物質（PM）★は発ガン性があるといわれています。

このような有害物質の排出をおさえるために、21世紀になるころには新しいエンジンの開発が積極的におこなわれるようになりました。また同時に、国によって排出ガス規制がおこなわれました。日本では2000年、窒素酸化物と炭化水素の排出量を、規制がおこなわれていなかった1960年代ごろの100分の１にするといったきびしい排出基準をつくりました。次いで2005年には、さらにきびしい基準に変更しました。

安全な車をつくる

自動車は、つねに事故の危険にさらされています。より安全な自動車の開発も、21世紀に入るとさかんにおこなわれました。

事故は、正面衝突ばかりではありません。側面、後方、ななめとあらゆる方向からの衝突の実験が続けられました。あらゆる事故を想定してさまざまな実験がくり返され、より安全な自動車が開発されていったのです。そのひとつとしてエアバッグがあります。これは、衝突の瞬間に風船のように袋がふくらみ、乗っている人がハンドルなどにぶつかってケガをするのをふせぐ装置で、現在ではすべての新車に採用されています。エアバッグを装備したオートバイも登場しています。

衝突といえば、自動車のボディは頑丈なほうが安全と考えがちですが、衝突の衝撃を吸収して車の前部が変形することで、乗員への衝撃をおさえる「衝突安全ボディ」が多くの車で採用されています。また、車に乗っている人の安全を守るだけでなく、衝突した相手の車や歩行者への衝撃をやわらげる構造やボディも飛躍的に進歩しました。

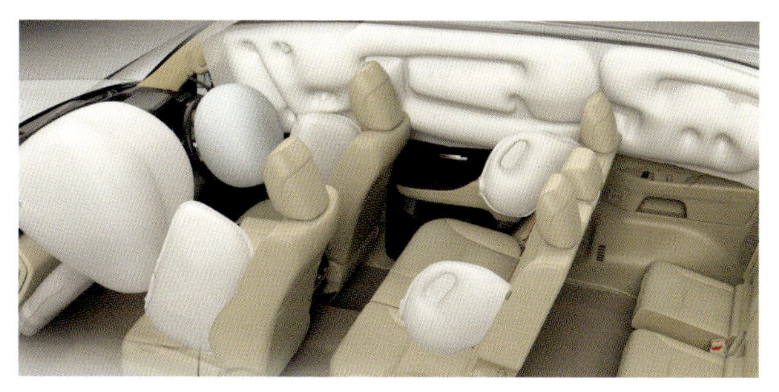

運転席、助手席、前後席など車内全体に取りつけられたエアバッグ（トヨタ）。

歩行者とぶつかったとき、ボンネットの後ろのほうを瞬時にもちあげ、かたいエンジンなどとのあいだに空間をつくり、歩行者の頭への衝撃をやわらげる技術（トヨタ）。

事故は「減らす」から「起こさない」へ

世界と日本の自動車メーカーでは、事故の被害を少なくするための工夫だけでなく、事故が起こらないようにする工夫もおこなってきました。

レーダーによって前の車との車間距離をはかり、速度を調節する機能や、カメラによって車線を認識し、車線からはずれると警報音が鳴る機能（車線維持支援機能、車線逸脱警報機能）などが相次いで開発されました。視界の悪い夜間では、特殊なカメラによって歩行者や障害物を認識して運転席のモニターに映す機能や、曲がる方向にあわせてヘッドライトも左右に動き、進行方向を広く照らす機能などは、すでに実用化されています。

自動車のユニバーサルデザイン化

お年寄りでも乗りやすいように、床の低いバスが増えてきました。この低床バスのように、だれでもつかいやすいデザインを「ユニバーサルデザイン」といいます。ユニバーサルデザインは、自動車にもどんどん取り入れられてきました。

超高齢社会★の日本では、車に乗る人、運転する人の年齢も高くなる一方です。そういう人たちのために、乗りやすいように入り口を広くしたり、運転席の計器を見やすく大きくしたり、操作しやすいレバーにするなど、自動車が高齢者ばかりでなく、だれにとっても運転しやすいようにつくられるようになりました。

弱い力でも操作できるハンドル（トヨタ）。

また、「福祉車両」といって、障がいのある人が運転しやすいように改良された自動車も増えています。たとえば、すべての運転操作を、手だけや足だけでできる車があります。また、助手席に車いすの人が乗れるように、座席を車外に出して乗り降りできる車や、車いすを昇降させるリフトつきの車などもあります。さまざまな改良や工夫を加えて、だれでもつかいやすい、人にやさしい車づくりが進んでいます。

座席が回転昇降するため、車いすの人も乗り降りしやすい車（トヨタ）。

11 生活を創造する自動車

日本にかぎらず世界でも、新しい機能をそなえた自動車が次つぎに発表されてきました。いまでは、ほとんどの「クルマ」に装備されているカーナビゲーションシステム（カーナビ）もそのひとつです。さらに、インターネットで自動車とほかの場所（家や会社など）がつながるようになってきました。

最先端の通信技術によって

「カーナビ」は、いま走っている地点を地図上に示してくれるシステムです。これは、宇宙上の衛星との交信によって、秒単位で自動車の位置が確認できるようになったことで開発されたのです。

また、携帯電話の通信技術をつかって、自動車をインターネットに接続してきました。その結果、はじめていく町にあるレストランやレジャー施設の情報などを、「クルマ」のなかにいたまま入手できるようになりました。一方、家に設置したカメラで、「クルマ」から留守の家のペットのようすを確認したり、電気製品のスイッチをコントロールしたりできるようになりました。

まちなかを走っている「クルマ」のワイパーのつかいはじめと終わりの情報が発信されることで、いまどこに雨が降っているかという気象情報を多くの人に知らせることができたり、タクシーが電波を発信しつづけることで、どこにタクシーがいるかを携帯電話の画面上でも確認ができ、タクシーをすぐ見つけられるといったシステムが、すでにはじまっています。

このように１台１台の「クルマ」がネットワークで結ばれるようになると、ますます便利で新しいサービスが登場すると期待されています。渋滞情報が正確に伝わるようになると、自動車を運転する人は渋滞をさけて道を選べるので、自然と渋滞が解消されます。

日本の自動車工業の近未来

みなさんが小さな子どもだったころ、自転車に乗れるようになると、行動範囲が広がり、自分の世界がかわったように感じたことがあるでしょう。同じように、「クルマ」を自分で運転するようになると、世界が広がっていきます。

しかもその「クルマ」は、これからのわたしたちの近未来をいろいろと描いてくれています。

近未来の「クルマ」社会は、日本と世界の自動車工業のありかたに深くかかわっています。「クルマ」が環境にやさしく、人にやさしい、安全な自動車社会をつくりあげていけるように、いま、わたしたちは、日本の自動車工業についてしっかり学んでいく必要があるのです。

中・長期的に予想した日本の自動車工業

この本では、1950年の朝鮮半島で起きた不幸なできごと（朝鮮戦争）のころから2000年ごろまでの日本の自動車工業の話をしました。

このページに書いたことについてのくわしい話は、シリーズ5巻にゆずりますので、そちらを読んでください。

世界の自動車産業の発展につくした日本人

世界一の自動車保有台数をほこる自動車大国のアメリカには、自動車の分野で功績のあった人びとをたたえ、広く知らせるため、「自動車殿堂（Automotive Hall Of Fame）」という施設があります。この本の最後は、殿堂入りしている７人の日本人を紹介しましょう。

本田宗一郎 ［1906～1991年］

1906（明治39）年、静岡県に生まれる。本田技研工業（ホンダ）の創業者*1。1989（平成元）年に、日本人初となるアメリカ自動車殿堂入り。

尋常高等小学校*2を卒業後、自動車修理工場で奉公し、1928（昭和３）年には浜松アート商会を設立して、自動車修理業として成功する。第二次世界大戦後の1946（昭和21）年に本田技術研究所を開設し、1948（昭和23）年には本田技研工業を設立して、オートバイの製造をはじめる。1961（昭和36）年、イギリスのマン島のオートバイレースで勝利し、本田技研工業を「世界のホンダ」に導いた。

1962（昭和37）年には四輪車の製造に進出し、低公害エンジンの開発に成功する。このことにより、1972（昭和47）年、本田技研工業は、アメリカの「マスキー法（→p13）」によるきびしい排出ガス規制を満たした最初の自動車メーカーとなり、四輪車でも世界から注目されるようになった。

豊田英二 ［1913～2013年］

1913（大正２）年、愛知県に生まれる。トヨタ自動車工業（いまのトヨタ自動車）の社長（1967～1982年）をつとめ、その後、トヨタ自動車の会長と最高顧問をつとめた。アメリカ自動車殿堂入りは1994（平成６）年。

トヨタ自動車を中心とした現在のトヨタグループの基礎を築いた豊田佐吉を伯父にもち、1936（昭和11）年、東京帝国大学（いまの東京大学）工学部を卒業後、豊田自動織機製作所に入社。翌1937（昭和12）年、豊田自動織機製作所から分離独立したトヨタ自動車工業に移り、国産技術による自動車の生産を進める。

1967（昭和42）年には社長に就任し、世界の自動車生産の10％をめざす「グローバル10」をかかげ、会社の規模を拡大していく。1982（昭和57）年には、第二次世界大戦後、生産部門と販売部門を分けることで誕生したトヨタ自動車販売との合併を実現し、トヨタ自動車の会長となった。

「ジャスト・イン・タイム（→３巻）」や「かんばん方式」とよばれ、世界的に高く評価される「トヨタ生産方式」を築きあげたことから、「トヨタ中興の祖*3」とよばれた。

田口玄一 ［1924～2012年］

1924（大正13）年、新潟県に生まれる。工学者。アメリカ自動車殿堂入りは1997（平成9）年。

1942（昭和17）年、桐生高等工業学校（いまの群馬大学工学部の前身）を卒業後、海軍水路部に入る。第二次世界大戦後は、厚生省（いまの厚生労働省）衛生統計課や文部省（いまの文部科学省）統計数理研究所を経て、1950（昭和25）年、日本電電公社（いまのNTT）の電気通信研究所に移る。

1965（昭和40）年には青山学院大学理工学部教授に就任し、1982（昭和57）年からは日本規格協会*4の参与をつとめた。技術開発や新製品の開発を効率的におこなう技法として、品質工学を最初に考案した人物として知られる。品質工学は、彼の名を取り「タグチメソッド」とよばれ、1980年代には、アメリカの自動車工業の品質管理に取り入れられ、アメリカの技術の進歩に貢献したといわれている。

*1 ホンダの創業者の一人でもあり最高顧問をつとめた藤澤武夫が2023年に殿堂入り。
*2 旧制の小学校で、尋常小学校（満６歳から６年）と高等小学校（尋常小学校卒業後２年）の両方の課程をもっていた学校。

片山豊 [1909～2015年]

1909（明治42）年、静岡県に生まれる。アメリカ日産の社長をつとめた。アメリカ自動車殿堂入りは1998（平成10）年。

1935（昭和10）年、慶應義塾大学経済学部卒業後、日産自動車に入社。総務部に配属となり、宣伝を担当する。ひたすら車名を言いつづけるのではなく、自動車のある生活様式の提案をおこなうなど、これまでとはちがった宣伝方法で、日産自動車のアピールにつとめた。また、自社の宣伝とは別に、自動車業界をアピールすることも必要と考え、日本の将来の自動車の大衆化をにらみ、1954（昭和29）年の「第１回全日本自動車ショウ」（→１巻p29）開催の推進役をつとめ、50万人の来場者を集めた。1958（昭和33）年には、自動車の本格的な輸出を前に、「ダットサン210型」でオーストラリア１周ラリーに挑戦して優勝を果たし、日産自動車と“DATSUN”の名を世界に広めた。

1960（昭和35）年、アメリカ日産を設立し、日産自動車の輸出をアメリカでささえる一方、日本を代表するスポーツカー「フェアレディZ」の企画開発にも大きな影響をあたえた。

梁瀬次郎 [1916～2008年]

1916（大正５）年、東京都に生まれる。ヤナセ（自動車輸入会社）の社長をつとめた。アメリカ自動車殿堂入りは2004（平成16）年。

1939（昭和14）年、慶應義塾大学経済学部卒業後、父が1915（大正４）年に設立した自動車の輸入をおこなう梁瀬自動車に入社。第二次世界大戦が終わった1945（昭和20）年、父にかわって梁瀬自動車の社長に就任。1948（昭和23）年には、アメリカのゼネラル・モーターズの自動車全車種の販売権を得て、戦争で中断していた自動車の輸入販売を再開。1952（昭和27）年には、ドイツのメルセデス・ベンツの販売も開始した。

以後、ドイツのフォルクスワーゲン、スウェーデンのボルボ、ドイツのアウディなど、ヨーロッパの自動車の販売をはじめ、日本の自動車輸入販売の先がけとなり、1969（昭和44）年、社名をいまのヤナセとした。

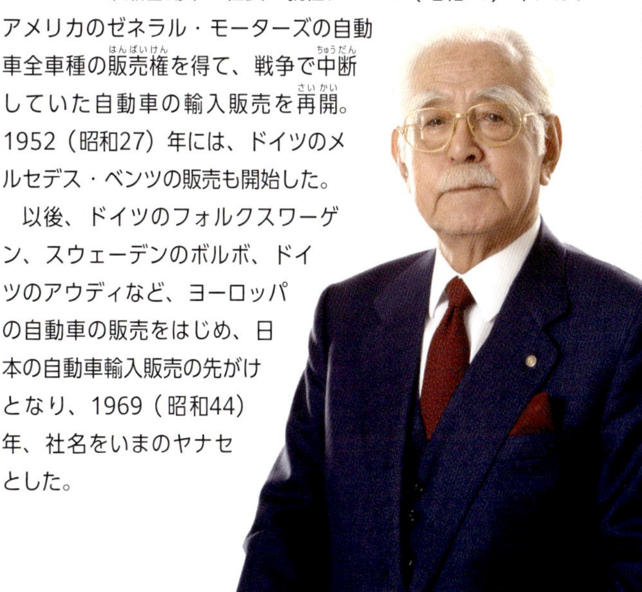

石橋正二郎 [1889～1976年]

1889（明治22）年、福岡県に生まれる。ブリヂストンの創業者。アメリカ自動車殿堂入りは2006（平成18）年。

1906（明治39）年、久留米商業学校卒業後、家業の仕立物屋「志まや」をつぎ、足袋の製造と販売に力を入れた。新しい工場をつくり、動力化や機械化を進める一方、販売方法も工夫した結果、足袋の売り上げは伸びていった。

1922（大正11）年、ゴム底の地下足袋を発明して販売したところ、労働者や農民のあいだで評判となり、おどろくほどの利益を得た。

その後、かねてから自動車の時代が訪れると予測していたこともあり、地下足袋とゴム靴の製造でゴムの可能性を知ったこともあいまって、タイヤの製造に乗りだす。その結果、1930（昭和５）年には国産のタイヤの製造に成功し、翌1931（昭和６）年、ブリヂストンタイヤを創設して、本格的な生産をはじめた。

今日、世界一のタイヤメーカーとして知られるブリヂストンの基礎は、こうして築かれていった。

豊田章一郎 [1925～2023年]

1925（大正14）年、愛知県に生まれる。トヨタ自動車販売の社長、トヨタ自動車の社長と会長をつとめた。アメリカ自動車殿堂入りは2007（平成19）年。

名古屋帝国大学（いまの名古屋大学）工学部卒業後、東北大学大学院やほかの会社を経て、1952（昭和27）年、父の豊田喜一郎*5が豊田自動織機製作所から分離独立して設立したトヨタ自動車工業（いまのトヨタ自動車）に入社。

1981（昭和56）年にはトヨタ自動車販売の社長に就任し、翌1982（昭和57）年、トヨタ自動車工業との合併で誕生したトヨタ自動車の社長に就任。1986年から４年間、日本自動車工業会の会長をつとめた。当時は日米貿易摩擦（→p17）により自動車の輸出台数の自主規制が大きな課題となっていたが、各国を訪問して友好対話につとめた。

品質の向上とともに、工場の海外展開につくし、世界トップレベルの生産台数をほこる現在のトヨタ自動車の経営基盤をかためた。1992（平成４）年に会長に就任。

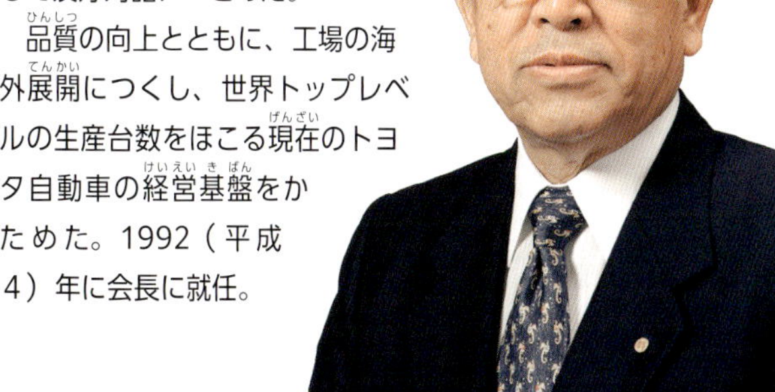

＊3 いったんおとろえた状態を再度さかんな状態にすることを中興といい、それを成しとげた祖先のことを「中興の祖」という。

＊4 工業製品の安全性や品質などの確保を目的とした「日本産業規格（JIS）」原案の作成などをおこなう協会。

＊5 2018年に殿堂入り。

用語解説

本文中の★マークのついた言葉を解説しています。
（………7）は、その言葉が最初に出てくるページを示しています。

インフレ ………… 7

インフレはインフレーションを略した言葉。モノやサービスの価格が継続的に上がり、お金の価値が下がること。

観音開き ………… 8

左右のとびらが中央から両側へ開くようになっている開き戸のこと。観音菩薩像を安置する箱型の仏具の多くが観音開きのとびらをもつため、こうよばれるようになった。

軽自動車 ………… 9

現在の規格は排気量660cc以下、長さ3.4m以下、幅1.48m以下、高さ2.0m以下だが、1950年代は排気量360cc以下、長さ3.0m以下、幅1.3m以下、高さ2.0m以下だった。

経済成長率（実質） ………… 10

国内で1年間に新しく生みだされた生産物やサービスの金額の合計である「国内総生産（GDP）」が、一定期間に変化した度合いのこと。実質経済成長率は、物価変動の影響を除いた経済成長率のこと。

高速道路 ………… 11

車が高速かつ安全に走行できるように整備された自動車専用の道路。日本初の高速道路は、1965年7月に全線開通した名神高速道路（愛知県小牧インターチェンジ～兵庫県西宮インターチェンジ）。

排出ガス ………… 13

ガソリンや軽油といった自動車の燃料が燃える際に発生する気体のこと。一酸化炭素・窒素酸化物など、人体に有害な成分をふくむ。

光化学スモッグ ………… 13

工場や自動車からの排出ガスにふくまれる炭化水素や窒素酸化物に太陽の強い光が当たると生成されるもの。大都市などで夏の晴れた風のない日によく発生する。人はこれを浴びると、目やのどをいためてしまう。

自動車専用船 ………… 18

自動車の製造工場から消費地・輸出基地まで、大量の自動車を運ぶ船。一度に500~1500台の車を乗せることができる。船内は何層かのデッキに分かれていて、立体駐車場のようになっている。自動車の積み下ろしは人が運転しておこなう。

プラザ合意 ………… 20

1985年9月にアメリカ・ニューヨークのプラザホテルで開催された先進5か国蔵相会議（G5）での、為替相場（2国間の通貨の交換比率、為替レート）の不整合を是正するための協調行動に関する合意のこと。これを機に、ドル高が是正されていった。

酸性雨 ………… 24

工場や自動車の排出ガスなどにふくまれている有害物質がとけこんだ雨のこと。酸性雨は木や植物を枯らしたり、湖や沼にすむ魚たちの環境を悪化させたりして、環境を破壊する。

粒子状物質（PM） ………… 24

大気中に浮遊する非常に小さな粒子のこと。工場や自動車から排出される粉塵、土壌や破壊された建築物の粉塵、海塩粒子、花粉やカビの胞子、廃棄された化学物質や金属物質から生成されたものなどがある。近年の日本では、中国から飛来するPM2.5（粒子径2.5μm*以下の小さな粒子）が問題となっている。

* μmは、マイクロメートルと読み、1mの100万分の1をあらわす。

超高齢社会 ………… 25

65歳以上の高齢者が総人口の21%以上を占めている社会のこと。日本では、2010年に高齢者の割合が23%をこえ、超高齢社会に突入した。

さくいん

■監修

鎌田　実（かまた　みのる）

一般財団法人日本自動車研究所 代表理事・研究所長、東京大学名誉教授、公益社団法人自動車技術会名誉会員。
1959年生まれ。1987年東京大学大学院工学系研究科舶用機械工学専攻博士課程修了（工学博士）。1990年東京大学・講師。1991年同・助教授、2002年同・教授。2009年東京大学高齢社会総合研究機構・機構長。2013年東京大学大学院新領域創成科学研究科人間環境学専攻・教授。専門は、車両工学、人間工学、福祉工学。国土交通省交通政策審議会委員、自動車局車両安全対策検討会座長、環境省中央環境審議会専門委員などを歴任。
2020年より現職。

■著

稲葉　茂勝（いなば　しげかつ）

1953年、東京都生まれ。東京外国語大学卒。編集者としてこれまでに1500冊以上の著作物を担当。自著も100冊を超えた。近年子どもジャーナリスト（Journalist for Children）として活動。2019年にNPO法人子ども大学くにたちを設立し、同理事長に就任して以来「SDGs子ども大学運動」を展開している。

■編

こどもくらぶ（担当：石原尚子）

あそび・教育・福祉の分野で子どもに関する書籍を企画・編集している。図書館用書籍として年間100タイトル以上を企画・編集している。主な作品は、「未来をつくる！　あたらしい平和学習」全５巻、「政治のしくみがよくわかる　国会のしごと大研究」全５巻、「海のゆたかさをまもろう！」全４巻、「『多様性』ってどんなこと？」全４巻（いずれも岩崎書店）など多数。

この本の情報は2024年９月までに調べたものです。今後変更になる可能性がありますので、ご了承ください。

■デザイン・制作

（株）今人舎（矢野瑛子）

■写真協力

・トヨタ博物館：p8、p11上
・トヨタ自動車株式会社：p19、p25、p28右上、p29右下
・ダイハツ工業株式会社：p9上
・株式会社SUBARU：p9中
・三菱自動車工業株式会社：p9下
・日産自動車株式会社：p11下、p29左上
・本田技研工業株式会社：p13、p28左上
・マツダ株式会社：p18、p20
・株式会社デンソー：p22
・一般社団法人品質工学会：p28右下
・株式会社永坂産業：p29左下
・株式会社ヤナセ：p29右上

■表紙写真

（表１）
・三菱自動車工業株式会社
・本田技研工業株式会社
（表４）
・トヨタ自動車株式会社

夢か現実か日本の自動車工業　②現代の国際社会における日本の自動車工業　NDC537

2024年11月30日　第１刷発行

監修　鎌田　実
著　稲葉茂勝
編　こどもくらぶ
発行者　小松崎敬子
発行所　株式会社 岩崎書店　〒112-0014　東京都文京区関口 2-3-3 7F
電話　03-6626-5082（編集）　03-6626-5080（営業）
印刷所　広研印刷株式会社　製本所　大村製本株式会社

Published by IWASAKI Publishing Co., Ltd. Printed in Japan.
32p 29cm×22cm
ISBN978-4-265-09199-7
岩崎書店ホームページ　https://www.iwasakishoten.co.jp
ご意見、ご感想をお寄せ下さい。E-mail　info@iwasakishoten.co.jp
落丁本、乱丁本は送料小社負担でおとりかえいたします。

夢か現実か 日本の自動車工業

監修・**鎌田実** 日本自動車研究所 所長
著・**稲葉茂勝** 子どもジャーナリスト
編・**こどもくらぶ**

全6巻

1 世界と日本の自動車工業の歴史を調べよう！
2 現代の国際社会における日本の自動車工業
3 見てみよう！ 日本の自動車の仕組みと工場
4 人や物をのせるだけではない！ 自動車の役割
5 いま日本の自動車工業がかかえる課題とは？
6 日本の自動車工業からは目がはなせない！